AF198707

Von Tag zu Tag

Beate Hannen,
geboren 1963 in Kirchen/Sieg, dort aufgewachsen. Abitur am Freiherr-vom-Stein-Gymnasium Betzdorf-Kirchen.
Nach dem Studium in Siegen und dem Referendariat in Fulda Studienrätin für Deutsch und katholische Religion an einem Gymnasium an der Mosel.
Nach Erkrankung 2016 nun zwar nicht mehr im Schuldienst, aber doch im Leben, gerne schreibend sich dieses Lebens vergewissernd.
Verheiratet, Mutter einer Tochter und eines Sohnes.

Beate Hannen

Von Tag zu Tag

Gedichte

Bibliographische Information der
Deutschen Nationalbibliothek:
Die Deutsche Nationalbibliothek
verzeichnet diese Publikation in der
Deutschen Nationalbibliographie,
detaillierte bibliographische Daten
sind im Internet über
http://dnb.dnb.de abrufbar.

© 2020 Beate Hannen
Herstellung und Verlag
BoD – Books on Demand,
Norderstedt

ISBN: 9783750459830

Von Tag zu Tag

Vorwort

Nach den wohlwollenden, freund-
lichen Reaktionen auf mein erstes
Büchlein „Zwischen gestern und
morgen" habe ich nun Gedichte für
ein zweites zusammengestellt:
„Von Tag zu Tag". Einige dieser
Texte habe ich vor Jahrzehnten als
Schülerin notiert und nun aus
einem alten Notizbuch heraus-
gesucht. Für die Ermutigung hierzu
danke ich einer Freundin aus der
Schulzeit, Sabine, die sich
tatsächlich an den Text
„Regentropfen" erinnerte.

Freude bei der Lektüre wünscht

Beate Hannen

Osann-Monzel, im Februar 2020

Die Welt ist klein

Das Auto steht morgens
etwas verstaubt
das wundert mich

In acht Kilometern Höhe
brachte ein Luftstrom
Staub aus Afrika her
melden die Nachrichten

Sahara-Sand kam
auf das Auto niedergerieselt
die Welt ist klein

Heckengeflüster

Ein Wind geht
durch die Hecke
sie raschelt wispert flüstert
dann ist es windstill und
die Hecke schweigt

Ich gehe vorbei
streiche mit den Händen
an den Blättern entlang
da rascheln sie
wispern und flüstern

Was die Hecke
wohl erzählt

Spazieren im Mai

Sanfter Regen und
singende Vögel
verzaubern uns
eine Abendstunde lang

wir spüren
Maitropfen auf der Haut
Blütenschnee im Haar

so wandert es sich leicht
auch durch das Dunkel

Im Auto

Unterwegs zur Arbeit
auf Knopfdruck
Musik
wie schön

zum zuverlässigen Geräusch
des Motors
ebenso zuverlässig
die Klänge des Radios

alte Lieder und
neueste Nachrichten
alles fährt mit

Informationen erschrecken
Melodien versöhnen
im Auto

Lesen

Lesen ist
abtauchen
in Gedanken anderer
auftauchen
anderswo
Neues entdecken
Vertrautes wiederfinden
sich selbst begegnen
nicht nur
zwischen den Zeilen

Einladung

Komm herein
hier darfst du
schweigen
Bücher angucken
erzählen
oder so

vielleicht
etwas Warmes
braucht der Mensch
bei einer Tasse Tee
komm herein
sei mein Gast

Am Morgen

Dichter Nebel
Sonne tastet sich hindurch
bringt helles Licht

Himmelblau bis zum Horizont
Raureif auf den Wiesen
und auf den Bäumen

Freude spüre ich und
ein bisschen Mut und
Dank für den neuen Morgen

Warten

warten auf
die erste Schneeflocke
den ersten Schmetterling
den Briefträger
irgendetwas
je nachdem

jede Zeit hat ihre Zeichen
morgens mittags abends
in jeder Zeit
brauchst du
Geduld

Vogelzug

Kraniche höre ich rufen
schaue zum Abendhimmel
und sehe sie ziehen
in einer langen Kette

die Rufe klingen
durcheinander
doch die Formation
scheint ganz geordnet
die Richtung vertraut
das Ziel klar

darum
könnten wir sie beneiden

Raureif

nachts hat es
gefroren

jedes Blatt
jeder Grashalm
ist weiß
verziert
mit kleinen
Kristallen die
in der Morgensonne
glitzern

kalt und starr
aber schön
wie verzaubert
weil Licht darauf fällt

Regentropfen

Der Himmel schlägt Wellen,
gießt den Regen herab,
überall plitsch.
Alles ist verregnet,
nass und ungemütlich,
überall tropf.
Die Leute schimpfen
auf den Regen, die Kinder
stapfen durch die Pfützen,
irgendwo patsch.
Ich stelle mich ans Fenster,
fange mit den Händen
Regentropfen auf...
...und begieße meinen
Kaktus. Der freut sich.

Mond

Zunehmend
Nacht für Nacht
runder leuchtend
von Tag zu Tag
schließlich voll
und wieder
abnehmend
verschwindend

Kommen und Gehen
Flut und Ebbe
Werden und Vergehen
Geheimnis des Lebens

Hoffnungszeichen sein

Wie eine Blume sein
immer wieder blühen

vielleicht bei Unwetter
sich verschließen und
abwarten
aber

immer wieder neu anfangen
immer wieder neu und
trotz allem blühen

Zeichen der Hoffnung sein

Das Leben geht weiter

Herrliches Wetter
Strahlend die Sonne
Leuchtend der Himmel

Schritt für Schritt
manchmal etwas wackelig
gehe ich den vertrauten Weg

atme tief und gleichmäßig
Atem kommt und geht
gibt Kraft und Leben

Bewegung ist Leben
das Leben geht weiter
auch wenn es humpelt

Fahrt im Nebel

In der Nacht:
Nebel und Dunkelheit,
Sichtweite null!

Die Frontscheibe
wie zugefroren,
so dicht der Nebel!

Ganz langsam
fahren wir,
bis irgendwann
Straße und Lampen
allmählich wieder
zu erkennen sind.
Eine richtige Nebelbank
liegt hinter uns...

Erleichtert
fahren wir weiter
und kommen an.

Terminkalender

Wissbegierig
was kommt
wer
wann und wo
wie und wohin
wissenwollenwissenwollen

und trotzdem
froh sein können
wenn
einfach so
das Leben
sich ereignet

Stricken

Ein Knäuel Wolle
ein Nadelspiel
den Faden in den Fingern
die Maschen aufnehmen
auf vier Nadeln verteilen
deren Spiel beginnt

Masche um Masche
Runde um Runde
wächst
unter meinen Händen
eine Socke

Heimatgefühl

Auf dem Ottoturm stehen
und in die Umgebung
schauen, zum Beispiel
bei Nacht, wenn nur
die Lichter der Ortschaften
in der dunklen,
stillen Landschaft
zu sehen sind,
und auf einmal singen:
Kein schöner Land...

*P.S.: Es war kurz nach Mitternacht.
Die Nationalhymne im Radio dürfte
gerade verklungen gewesen sein.*

Morgens

Ein Schnarchen
neben mir,
gleichmäßig sägend...
Ein Zwitschern
vor dem Fenster,
munter klingend...
Bin ich denn schon wach?
Mein Zweifel wird zerstreut:
der Wecker gibt sein Zeichen!

Jetzt muss ich wach sein
und will das auch
und recke mich
dem Tag entgegen...

Mittagszeit

Hier müsstest du
jetzt einmal neben mir
auf der Bank sitzen
gewärmt von der Sonne
den Kindern zuschauen
die unter blauem Himmel
ganz friedlich spielen
als gäbe es
auf dieser Welt nur Frieden
ein Mittagsstündchen
im Paradies
wenigstens hier

Telefonieren

Stimme so fern
so nah

Ohr
lauscht
ins Lachen
kriecht hinein
in die Hörmuschel

Stimme so nah
so fern

Kaffeeduft

Filtertüte
Kaffeepulver
Wasser

die Kaffeemaschine
gluckert
blubbert
gurgelt

der frische Kaffee
duftet
ist fertig
schmeckt

die Lebensgeister
erwachen

Luxusliste

Nach dem Essen
ein paar Schritte
welch ein Luxus
erstens das Essen
zweitens die Zeit
drittens die Gesundheit
viertens die zum Wetter
passende Kleidung
fünftens die lieben
Menschen in der Nähe
sechstens die lieben
Menschen in der Ferne
siebtens klingeln können
nah an der Haustür
fern per Telefon
achtens Gespräche
neuntens Augen-Blicke
zehntens und so weiter
und elftens überhaupt

Etwas bleibt

für Elli und Ali

Sonnenstrahlen
kommen auf mich zu
und malen ihre Wärme
um mich herum
auf die Straße
die Wärme bleibt
bis zum Abend
die Sonnenstrahlen
gehen
doch die Steine
sind erwärmt
mehr noch
ein Blümchen
hat Mut bekommen